Rick Hanson

# Das gelassene Gehirn eines Buddha

Schritt für Schritt zu mehr
Resilienz und Wohlbefinden

Mit sieben geführten Meditationen,
gesprochen und bearbeitet
von Lienhard Valentin

arbor
Arbor Verlag
Freiburg im Breisgau

Titel der amerikanischen Originalausgabe:
*Stress-Proof Your Brain*


1. Auflage 2013

Titelfoto: © 2013 Janna Pham
Lektorat: Georg Hehn
Übersetzung: Mike Kauschke
Druck und Bindung: Kösel, Krugzell
Hergestellt von mediengenossen.de
Audioproduktion acoustic-media.com

Dieses Buch wurde auf 100% Altpapier gedruckt und ist alterungsbeständig.

ISBN 978-3-86781-109-5

# Inhalt

# 1

# Was ist Stress?

*Jeder von uns möchte glücklich sein.*

Ich möchte glücklich sein, Sie möchten glücklich sein.
Wir möchten alle in einem Zustand des ständigen Wohlbefindens leben. Wir möchten uns erfüllt und zufrieden, sicher und nicht bedroht fühlen. Und wir möchten geliebt und respektiert werden. Meist fühlen wir uns sicher und geliebt, aber manchmal oder sogar häufig fehlt uns das auch. In diesen Zeiten, wo es uns nicht so gut geht, fühlen wir uns frustriert, enttäuscht, ängstlich, wütend, ausgeschlossen, ungeliebt oder nicht respektiert. In all diesen negativen Geisteszuständen gibt es eine spezifische Befindlichkeit von Körper und Geist, die diese unglücklichen Zustände kennzeichnet.

*Mit einem Wort: Stress.*

In diesem Abschnitt des Buches werde ich zwei Dinge beschreiben:

- Erstens die Funktionsweise von Stress im Gehirn, denn es ist wichtig, dass wir diese Funktion verstehen, um den Stress kontrollieren zu können.
- Zweitens eine andere Art und Weise, Ihr Gehirn zu nutzen, um dem Leben so zu begegnen, dass es nicht zu Stress führt, sondern von zunehmendem Wohlbefinden gekennzeichnet ist.

In den anderen Abschnitten des Buches werden wir verschiedene Methoden untersuchen, mit denen Sie Ihr Gehirn trainieren können. Sie werden lernen, wie Sie einerseits die Stressreaktivität verringern können, und andererseits ein Gefühl der Ausgeglichenheit, ein klares Sehen der Welt, positivere Emotionen und mehr Verbundenheit mit anderen Menschen entwickeln können. Das meine ich mit einem Stress-Schutz für Ihr Gehirn.

Sie können diesen Stress-Schutz auf viele Arten verwenden: Sie können ihn nutzen, um psychologisches Leiden und psychologische Hindernisse zu verringern. Sie können ihn auch nutzen, um Ihr Wohlbefinden und Ihre Lebensqualität zu erhöhen. Und wenn es Sie interessiert – und für mich persönlich ist es interessant –, dann können Sie mit dem Stress-Schutz für Ihr Gehirn sehr weit in tiefe, tiefe Bereiche des inneren Friedens, des unerschütterlichen Glücks und des spirituellen Erwachens gehen. Im Laufe der Geschichte haben viele Menschen genau dies getan: Sie haben diesen inneren Frieden, dieses unerschütterliche Glück und dieses spirituelle Erwachen kultiviert – selbst inmitten großer Entbehrungen oder Schwierigkeiten. Sie mussten sich weiterhin mit dem Leben auseinandersetzen und das Leben zeigt sich nicht nur von der Sonnenseite. Auch Menschen, die zutiefst erwacht sind, haben Schmerzen, scheitern in ihren Vorhaben, stehen Herausforderungen und Gefahren gegenüber. Sie werden kritisiert oder gar verachtet oder geschmäht. Diejenigen, die sie lieben, oder die Ziele, die Ihnen wichtig sind, werden verletzt oder vergehen. Aber diese Menschen sind in der Lage, trotz allem einen tiefen Frieden und unerschütterliches Glück zu bewahren. Diese Menschen, von denen es auch heute viele gibt, haben gezeigt und bewiesen, dass die Entwicklung eines Gehirns frei von Stress wirklich möglich ist.

Ein Anliegen dieses Programms ist es, zu untersuchen, was das Gehirn dieser Menschen vermutlich von anderen unterscheidet – zumindest in Bezug auf einige wichtige Merkmale. Wenn wir die Natur eines Gehirns, das von Stress frei ist, verstehen, können wir unser eigenes Gehirn zunehmend in diese Richtung trainieren. Bis vor 20 Jahren gab es wenig Wissen über die Funktion des Gehirns. Mit anderen Worten: Vor 20 Jahren hatten wir nicht die Mittel, um das Gehirn in zunehmend positive Richtungen zu trainieren. Es wird geschätzt, dass sich das Wissen in der Hirnforschung in den letzten 20 Jahren verdoppelt hat. Zudem wurden diese Forschungen in großem Maße durch die kontemplativen Traditionen der Welt erweitert, die sich mehr und mehr mit der westlichen Wissenschaft auseinanderzusetzen hatten. Die Tradition, die wahrscheinlich die größte Synergie mit der westlichen Wissenschaft zeigt, ist der Buddhismus.

Der Grund dafür ist, dass das buddhistische Modell des Geistes dem der westlichen Psychologie sehr nahekommt. Zudem stimmt die auf Tatsachen beruhende, empirische Haltung des Buddhismus mit den Grundsätzen der westlichen Wissenschaft überein. Es ist auch die Tradition, in der ich am meisten Erfahrungen gesammelt habe, ich werde sie also als Modell nutzen, um zu erklären, was in einem Gehirn, das frei von Stress ist, geschehen könnte. Ich möchte den Buddhismus nicht auf ein Podest stellen, sondern ihn als Beispiel nutzen, um aufzuzeigen, was im Inneren des Geistes und somit auch im Gehirn geschieht. Es gibt die unter Wissenschaftlern bekannte Aussage: „Neuronen, die zusammen aktiviert werden, vernetzen sich". Mit anderen Worten: Die Wissenschaft zeigt immer deutlicher, dass der Strom unserer Gedanken und Gefühle nach und nach unser Gehirn formt.

Das heißt, dass wir in unserem Leben heute eine historisch nie da gewesene Möglichkeit haben: Wir können unseren Geist zielgerichtet und geschickt benutzen, um unser Gehirn von innen nach außen zu verändern. Und das ist eine fantastische Möglichkeit! Lassen Sie uns also damit beginnen.

Dies ist ein Buch über Stress, deshalb sollten wir uns zunächst darüber klar werden, was Stress eigentlich ist und wie Stress sich in unserem Körper und Geist auswirkt. Stress ist eine biologisch ausgelöste Körper-Geist-Reaktion eines Organismus, sei es eine Ratte, die den Ausweg aus einem Labyrinth nicht findet, oder ein Mensch, der im Stau steht. Während dieser Reaktion wird das Gleichgewicht gestört und diese Reaktion ist durch hohe Aktivität, negative Emotionen und typischerweise eine Stärkung des Selbstgefühls gekennzeichnet.

Nehmen wir zum Beispiel an, Sie wollen unter Druck in wenig Zeit ein Projekt fertigstellen. Ihnen fehlen die nötigen Ressourcen und Sie werden oft unterbrochen. Vielleicht müssen Sie einen Bericht für Ihren Chef anfertigen und der Abgabezeitpunkt rückt immer näher. Oder Sie müssen am Morgen die Kinder rechtzeitig in die Schule bringen. In diesem Beispiel ist das Gleichgewicht, das sich durch Ausgeglichenheit oder Gleichmäßigkeit zeigt und Ihnen die nötigen Erfolge im Leben beschert, gestört. Denn in diesem Fall können Sie Ihr Vorhaben nicht erfolgreich beenden.

Mit anderen Worten, Sie können die Aufgabe nicht erfolgreich lösen und erhalten somit auch nicht die Belohnung dafür. Ihr Körper und Ihr Geist laufen also auf Hochtouren: Das ist die Aktivierung. Ihr Herzschlag wird schneller, Adrenalin strömt durch Ihre Adern, die Gedanken werden immer schneller und gleichzeitig zeigen sich natürlicherweise negative Emotionen wie Frustration, Sorgen oder das Gefühl, unter Druck zu stehen. Zudem gibt es wahrscheinlich auch viele selbstbezogene Gedanken – wir denken an uns selbst: Vielleicht stellen wir uns vor, dass wir die Belohnung doch noch bekommen könnten oder dass wir versagen und deshalb keine Belohnung erhalten. Oder wir beschäftigen uns mit Selbstgesprächen, die das Szenario, in dem wir die Belohnung nicht bekommen, noch weiter ausmalen: Wir fühlen uns erfolglos, minderwertig oder als Versager.

Schauen wir ein anderes Beispiel an: Nehmen wir einmal an, es ist etwas geschehen, was Ihnen finanzielle Sorgen bereitet. Sie fragen sich, ob Sie in der Lage sein werden, Ihre Rechnungen zu bezahlen. In diesem Fall besteht das Gleichgewicht, das nun gestört ist, in dem Gefühl der finanziellen Sicherheit – eine Sicherheit, die in unserer Gesellschaft Ihr Überleben sichert. Deshalb ist es nicht überraschend, dass Sie sich Sorgen machen. Es gibt eine Bedrohung: Was soll ich tun? Wie kann ich dieses Problem lösen? Und Sie werden von negativen Emotionen wie Sorge und Angst überschwemmt. Mir geht es auf jeden Fall so, wenn ich mir Sorgen über all die Rechnungen mache, die ich bezahlen muss, oder wenn ich einen Brief vom Finanzamt bekomme. Und vielleicht zeigen sich noch andere Gefühle; möglicherweise werden Sie wütend auf sich selbst, weil Sie immer noch diese finanziellen Schwierigkeiten haben. Oder Sie werden wütend auf Ihren Partner oder Ihre Partnerin, weil er oder sie zu viel Geld ausgibt oder keine bessere Arbeit bekommt. Auch hier zeigt sich wahrscheinlich ein stärkeres Ich-Gefühl, indem wir uns selbst vielleicht als bedrängt und umhergestoßen empfinden – machtlos in einer Welt größerer Kräfte.

Betrachten wir noch ein drittes Beispiel: Vielleicht werden Sie bei der Arbeit oder zu Hause abgewertet oder enttäuscht, so als wären Sie nicht wichtig. Möglicherweise behandelt Sie ein Kollege herablassend oder Ihr Sohn im Teenageralter verdreht die Augen und sagt: „Du bist der größte Idiot, den es gibt." Ich habe beide Situationen schon erlebt. In diesem Beispiel besteht das Gleichgewicht, das gestört wurde, in einem Empfinden der Zugehörigkeit, das Sie mit anderen Menschen, die Sie mögen und für die Sie wichtig sind, verbindet. Dieses Gleichgewicht der Zugehörigkeit war über viele Millionen Jahre der Evolution für das physische Überleben entscheidend wichtig. Zu dieser Zeit lebten unsere Vorfahren unter den Primaten und sie hatten mit schwierigen und rauen Bedingungen zu kämpfen. Wenn dieses Gleichgewicht der Zugehörigkeit gestört wird, erscheinen die alten Echos aus dieser Zeit wieder im Geist. Sie sagen uns, dass unser Überleben bedroht ist. Auch hier laufen Körper und Geist zu Hochform auf und werden aktiviert, um mit dieser Herausforderung umzugehen. Auch dies wird von negativen Emotionen wie der Angst vor Verlust und Ablehnung, vor Kummer und dem Gefühl der Wertlosigkeit und Scham begleitet. Zudem tritt ein Selbstgefühl auf, das uns sagt, wir seien weniger wert als andere: nicht liebenswert, ein Außenseiter, jemand, den andere meiden.

In all diesen Beispielen für Stress und all den anderen Möglichkeiten, durch die wir Stress erfahren können, tritt ein Ereignis ein und als Reaktion darauf werden Körper und Geist mobilisiert, um damit umzugehen. Die Stressreaktion ist ein Versuch, die Situation zu bewältigen. Wir wollen auf das Leben reagieren und uns der Situation anpassen. Wir wollen uns an die sich verändernden Ereignisse so anpassen, dass das Tier – unser früher Vorfahre – am Leben bleibt. Und in unserem modernen Leben soll uns die Stressreaktion helfen, schwierige Situationen zu überstehen.

# 2

# Die Stressreaktion

*Wir sehen also, dass die Bewältigungsstrategie „Stress" ein Weg ist, um auf das Leben zu reagieren.*

Sie wurzelt in unserer Biologie als Tiere, die im Laufe von Millionen von Jahren der Evolution zu dem wurden, was wir heute sind. Die Stressreaktion ist tief im Körper verwurzelt und sie wird durch sehr verfeinerte körperliche Mechanismen gesteuert. Ich möchte hier besonders zwei dieser Prozesse hervorheben: das sympathische Nervensystem und die HPA-Achse (die Abkürzung für *Hypothalamus-Hypophysen-Nebennierenrinden-Achse*). Lassen Sie uns diese beiden Mechanismen etwas genauer betrachten.

Das autonome Nervensystem ist ein wichtiger Teil des zentralen Nervensystems, das sich bis in das periphere Nervensystem erstreckt. Das autonome Nervensystem ist vor allem für die Anpassung an sich verändernde Umstände verantwortlich. Ein Teil des autonomen Nervensystems ist das sympathische Nervensystem, das ist der Bereich des Gehirns, der die Kampf-oder-Flucht-Reaktion reguliert. Wenn also etwas geschieht, das Stress auslösen könnte, dann werden insbesondere die Amygdala und der Hippocampus im emotionalen limbischen System in der Mitte des Kopfes aktiviert. Sie senden Signale an das sympathische Nervensystem, um beispielsweise den Herzschlag zu beschleunigen, das Blut in die Muskeln der Arme und Beine zu bringen, um fliehen oder kämpfen zu können. Die Pupillen werden erweitert, damit Sie besser sehen können, was in der Umgebung geschieht. In gleicher Weise sendet die Amygdala ein Signal an einen Teil des Gehirns, der als Hypothalamus bezeichnet wird und der direkt neben der Amygdala liegt. Der Hypothalamus sendet dann ein Signal an die Hypophyse, die ebenfalls in der Nähe lokalisiert ist. Die Hypophyse wiederum setzt Hormone in den Blutkreislauf frei, die den Nebennieren an der Oberseite der Nieren die Information geben, Stresshormone wie Adrenalin oder Cortisol in das Blut abzugeben. Diese Vorgänge in der HPA-Achse erscheinen kompliziert, aber sie laufen in nur wenigen Sekunden ab. Wenn Sie also in einer stressvollen Situation sind, dann können Sie die Veränderungen in Ihrem Körper spüren – ausgelöst werden sie von Adrenalin und Cortisol, die durch Ihren Blutkreislauf fließen.

Die Stressreaktion, die durch diese beiden Mechanismen gesteuert wird – das sympathische Nervensystem und die HPA-Achse –, schichtet die Ressourcen des Körpers um, sie werden von langfristigeren Aufgaben des Körpers abgezogen, weil eine unmittelbare Notsituation besteht. Wir haben uns entwickelt, um mit kurzen Ausbrüchen von akutem Stress umzugehen, die normalerweise schnell vorbei sind – in der einen oder anderen Weise, zum Besseren oder zum Schlechteren. Aber unsere Evolution hat nicht vorgesehen, dass wir mit langfristigem, leichtem bis mittlerem Stress umgehen müssen. Diese Form von Stress ist jedoch im modernen Leben allgegenwärtig. Mit anderen Worten: Langfristiger moderater Stress ist unnatürlich und führt zu einer starken Störung der körperlichen und mentalen Gesundheit. Chronischer Stress stört beispielsweise die wichtigen Systeme des Körpers.

Lassen Sie uns nun fünf dieser Systeme genauer betrachten: Im gastrointestinalen System dämpft Stress die Verdauung; man braucht keine Nahrung zu verdauen, wenn man vor einem Tiger davonläuft. Deshalb haben Menschen bei chronischem Stress Verdauungsstörungen wie Verstopfung und Durchfall bis hin zu Magen- und Darmgeschwüren und Resorptionsstörungen bei den Nährstoffen, die wir wirklich brauchen. In gleicher Weise unterdrückt der chronische Stress das Immunsystem, denn es ist nicht sinnvoll, sich mit grundsätzlichen Krankheiten auseinanderzusetzen, wenn man vor dem Tiger flieht oder wenn man sich beeilt, ein berufliches Projekt pünktlich fertigzustellen. Wenn also der Stress zunimmt, verringert sich die Funktion des Immunsystems, deshalb sind wir viel anfälliger für Grippe und Erkältung, wenn wir in stressvollen Umständen leben. Demnach können Menschen, die schwer krank sind, in Ihrer Heilung unterstützt werden, wenn Sie möglichst wenig Stress erfahren.

Ein weiteres System, das von Stress beeinflusst wird, ist das Herz-Kreislauf-System. Wie Sie vielleicht schon wissen, ist Stress einer der wichtigsten Risikofaktoren für einen Herzinfarkt. Oder nehmen wir das endokrine System, das für unsere Hormone zuständig ist. Hier führt Stress zu einer Unterdrückung der Fortpflanzungshormone – Sie haben keine Zeit für Sex, wenn Sie dem Tiger entkommen wollen. Die Libido sinkt und es zeigen sich noch weitere Störungen im endokrinen System, die beispielsweise mit einem stärkeren prämenstruellen Syndrom einhergehen. Und als letztes Beispiel sehen wir im Nervensystem, dass Stress den Serotoninwert verringert, einen der wichtigsten Neurotransmitter, der an der Regulierung der Stimmung, des Schlafes und der Verdauung beteiligt ist.

Stress kann im Gehirn zu einem Teufelskreis führen: Cortisol, ein Stresshormon, sensibilisiert und stimuliert die Amygdala, die als Alarmglocke im Gehirn fungiert. Das Gehirn wird also immer stärker für eine Reaktion auf den Stress vorbereitet, was in einem Kreislauf zu mehr Bildung von Cortisol führt. Und als wäre das noch nicht genug, schwächt Cortisol den Hippocampus, einen Teil des Gehirns, der dazu beiträgt, dass wir uns an den Kontext erinnern, in dem wir uns gerade befinden. Der Hippocampus trägt auch dazu bei, die Amygdala und die Freisetzung von Cortisol zu beruhigen. Im Extremfall kann die chronische Freisetzung von Cortisol aufgrund von Stress die Größe des Hippocampus um 25 Prozent verringern. Die Folge davon ist, dass die Alarmglocke im Gehirn immer lauter und lauter wird. Und der Ausschalter an der Alarmglocke, der Hippocampus, wird immer schwächer. So entsteht ein Teufelskreis, der uns immer anfälliger für Stress werden lässt. Wir erleben mehr Stress und unsere erhöhten Stresshormone sensibilisieren uns auch in der Zukunft für Stress.

Zusätzlich zu diesen körperlichen Auswirkungen fühlt sich Stress einfach nicht gut an. Es ist kein gutes Gefühl, wenn wir erschöpft und unkonzentriert sind und unter Druck stehen, wenn wir außer Kontrolle geraten oder ärgerlich werden. Wir sehen, dass das Gefühl des Ärgers eine Form der Stressreaktion ist. Stress führt auch dazu, dass wir uns anderen gegenüber unangemessen verhalten. Aufgrund von Stress werden wir ängstlicher und reizbarer, wir werden vorsichtiger und vertrauen anderen Menschen weniger. Durch dieses Handeln in Beziehungen mit anderen Menschen löst der Stress, den wir spüren, einen Teufelskreis aus, durch den sich unser Stress auf andere überträgt. So erleben auch diese Menschen mehr Stress und handeln in einer Weise, die wiederum bei uns zu mehr Stress führt.

Wenn wir all dies in Betracht ziehen, sehen wir, wie wichtig es ist, etwas gegen den Stress zu unternehmen. Wenn ein Mensch an einem guten, langen Leben interessiert ist, dann ist Stress wirklich eine Art Feind. Und daraus lassen sich zwei grundlegende Dinge ableiten: Erstens, Sie können Ihr Gehirn vor Stress und Stressreaktivität schützen. Zweitens können Sie Ihr Gehirn nach und nach so trainieren, dass es den sich verändernden Umständen aus einer Haltung des Wohlbefindens heraus begegnet, anstatt gestresst zu reagieren.

Bevor wir nun genauer betrachten, wie wir dies tun können, lassen Sie uns zunächst untersuchen, wie sich der Stress durch die drei wichtigen Motivationssysteme des Nervensystems bewegt. Dann werden wir untersuchen, wie jedes dieser Systeme in Situationen des Wohlbefindens funktioniert, im Unterschied zu Stresssituationen. Um diesen Überlegungen einen Kontext zu geben, betrachten wir zunächst einmal die Evolution des Lebens auf unserem Planeten.

Unser Planet ist sehr alt, ungefähr 4,5 Milliarden Jahre alt. Das Leben entstand in der Geschichte unseres Planeten ziemlich schnell, vor etwa 3,5 Milliarden Jahren. Dies sagen uns die frühesten Fossilienfunde der ersten Lebensformen auf unserem Planeten. Danach existierte das Leben drei Milliarden Jahre lang nur in mikroskopischer Form als Viren, Bakterien, Einzeller und Protozoen. Vor ungefähr 600 Millionen Jahren waren diese Einzeller so kompliziert geworden, dass sie einen Weg finden mussten, um zwischen ihrem Sinnesapparat und ihren motorischen Systemen zu kommunizieren. Und diese Form der Kommunikation war der Beginn des Nervensystems. Ihr Nervensystem hat sich also im Laufe von 600 Millionen Jahren evolutionär entwickelt, sich verbessert und verfeinert. Etwa vor 80 oder 100 Millionen Jahren erschienen die ersten Säugetiere, gefolgt von unseren Vorfahren unter den Primaten. Die Primaten erschienen ungefähr vor 60 Millionen Jahren. Die ersten Hominiden, die Steinwerkzeuge herstellen konnten, also unsere allerersten menschlichen Vorfahren, lebten vor 2,5 Millionen Jahren. Ihr Gehirn war etwa ein Drittel so groß wie das unsrige. In den letzten 2,5 Millionen Jahren hat sich die Größe des Gehirns also verdreifacht – aber immerhin reichte das Gehirn unserer Vorfahren aus, um Steinwerkzeuge herzustellen. Vor 150.000 Jahren erschien schließlich der Homo sapiens.

Wenn wir auf diese Geschichte zurückblicken, sehen wir eine lange, merkwürdige Reise, nicht wahr!? Seit den ersten Hominiden, die Steinwerkzeuge herstellen konnten, sind 100.000 Generationen vergangen. Während dieser Zeit ging die Evolution weiter, und sie hat sich auch in den letzten 4000 Jahren fortgesetzt. Im Laufe dieser langen Geschichte der Evolution mussten unsere Vorfahren rund um die Uhr Methoden finden, um auf Gelegenheiten und Gefahren – Karotten und Stöcke – zu reagieren. Deshalb haben wir als Menschen innerhalb des Nervensystems zwei Systeme entwickelt, die vom Gehirn gesteuert werden: Ein System, um Möglichkeiten zu nutzen, und das andere, um Gefahren zu vermeiden. Mit anderen Worten, ein System, um die Karotten zu bekommen, und das andere, um den Stockhieben auszuweichen.

Würmer, Fliegen, Frösche, Moskitos, Fische, Eidechsen, Haie, Krokodile – sie alle besitzen diese beiden Systeme: Sie versuchen, Belohnungen zu bekommen, und sie meiden Gefahren. In den letzten 82 Millionen Jahren führte ein großer evolutionärer Durchbruch zur Entwicklung eines dritten Systems, das Tiere zu partnerschaftlicher Bindung befähigt. Vögel und Säugetiere haben im Verhältnis zum Körpergewicht ein größeres Gehirn als Reptilien und Fische. Was unterscheidet das Verhalten von Vögeln und Säugetieren von dem der Fische und Reptilien? Vögel und Säugetiere bilden

Paarbeziehungen und sie ziehen ihre Jungen auf. Um einen guten Partner zu finden, mit ihm zurechtzukommen und die Jungen gut aufzuziehen, sodass sie überleben und ihre Gene weitergeben, muss man als Sperling oder Eichhörnchen klüger sein und mehr Überlebensrezepte haben als ein Leguan oder ein Hai. Leguane und Haie bekommen Nachwuchs, kümmern sich aber kaum um ihn oder fressen ihn gar auf. Die nächste Stufe dieses partnerschaftlichen Systems der Verbindung sehen wir bei den Primaten, die ein ausgeprägtes soziales Leben haben. In direktem Verhältnis zur sozialen Komplexität der Primaten ist ihr Gehirn größer. Das partnerschaftliche System der Verbindung entwickelt sich im Menschen auf außergewöhnliche Weise noch weiter. Der Mensch ist das Tier mit der größten Fähigkeit für Verbundenheit, Liebe und soziale Gemeinschaft: Menschen wie Sie und ich, die sich mit einem Partner oder einer Partnerin verbinden, die Bindungen zwischen Eltern und Kindern bilden und die Freundschaften, Clans, Stämme und Nationen formen.

# 3

# Verbindung, Anziehung und Vermeidung

*In unserem Gehirn gibt es also im Grunde drei Systeme:*

- Wir werden von Belohnungen und Möglichkeiten angezogen,
- wir wollen Gefahren und Schmerz vermeiden und
- wir wollen uns mit „uns", mit einem „Wir" verbinden, dazugehören und Bindungen eingehen.

Und das Wichtige dabei ist, dass jedes dieser grundlegenden Systeme entweder in einem Zustand von Stress oder in einem Zustand des Wohlbefindens aktiv sein kann. Menschen, die unerschütterlichen Frieden und tiefes Glück erleben und zum Ausdruck bringen, werden weiterhin vom Positiven angezogen, müssen mit dem Negativen umgehen und verbinden sich mit anderen. Aber sie tun es so, dass sich dabei ein tiefes Wohlbefinden zeigt, und sie verletzten sich selbst und andere nicht. Schauen wir uns nun jedes dieser Systeme nacheinander genauer an.

Beginnen wir mit dem System der Anziehung. In einem Stresszustand ist die Sichtweise, von der dieses System beeinflusst wird und die es zum Ausdruck bringt, dass es einen fundamentalen Mangel an angenehmen Erfahrungen gibt. Das führt zu Emotionen wie Frustration oder Enttäuschung und zu Handlungen, die in einem Wort als „Gier“ zusammengefasst werden können. Wenn sich das System der Anziehung jedoch in einem Zustand des Wohlbefindens befindet, dann ist unsere Sicht von uns selbst und der Welt von einer grundlegenden Fülle gekennzeichnet – es gibt genug für unsere Bedürfnisse. Dadurch entstehen Emotionen wie Zufriedenheit, Befriedigung und Erfüllung. Und aus diesem Zustand des Wohlbefindens folgen wir in unserem Handeln dem, was im Leben positiv und heilsam ist, auf der Grundlage unserer Werte und Sehnsüchte.

Wenden wir uns nun dem System der Vermeidung zu. Wenn sich dieses System in einem Zustand der Stressreaktivität befindet, ist unsere Sicht der Welt von Gefahren gekennzeichnet. Dies führt natürlicherweise zu Gefühlen wie Angst oder Wut und im Handeln folgen wir Strategien des Kampfes, der Flucht oder Erstarrung. Wenn das System der Vermeidung hingegen in einem Zustand des Wohlbefindens ist, ist die grundlegende Sicht der Welt – also der zugrunde liegende Kontext – von Sicherheit gekennzeichnet. Dies führt natürlicherweise zu Gefühlen wie Mitgefühl, aber auch Entschlossenheit, um dem zu begegnen, was in der Welt schiefläuft. Diese Gefühle werden durch Eigenschaften wie Stärke und Selbstdisziplin zum Ausdruck gebracht.

Betrachten wir nun als Drittes das System der Verbindung. Wenn es in einem Zustand der Stressreaktivität ist, zeigt sich in der Sicht der Welt, der Umgebung und des Kontextes vor allem das Empfinden des Verlusts und der Trennung. Als Folge entstehen dann Emotionen wie Kummer, Minderwertigkeitsgefühle, Scham, sich abgelehnt fühlen und sich nicht geliebt fühlen. Dies führt zu einem Handeln, durch das man sich von anderen abschneidet, nach Anerkennung verlangt oder an falschen Orten nach Liebe sucht. Wenn das System der Verbindung aber in einem Zustand des Wohlbefindens ist, zeigt sich in der fundamentalen Haltung oder Sichtweise auf die Welt, so wie sie ist, eine tiefe Verbundenheit. Wir haben das Gefühl, dass wir schon immer dazugehören und nie allein sind, wodurch Gefühle wie Freundlichkeit oder Liebe und die Eigenschaften Offenherzigkeit, Empfänglichkeit und Hilfsbereitschaft entstehen.

Jeder von uns hat die Wirkungen dieser drei Systeme schon gespürt, sowohl in einem Zustand von Stress als auch im Zustand des Wohlbefindens. Nehmen Sie sich hier einen Moment Zeit, um darüber zu reflektieren, wie es sich innerlich anfühlt, wenn Sie etwas wollen, aber es einfach nicht bekommen können. Dann befindet sich das System der Anziehung in einem Stresszustand. Aber wie ist es im Gegensatz dazu, wenn Sie sich schon als erfüllt und zufrieden empfinden? In diesem Zustand zeigt sich eine natürliche Zuwendung zu dem, was positiv ist. Oder überlegen Sie, wie es sich anfühlt, wenn Sie sich unsicher oder bedroht fühlen oder den Eindruck haben, dass andere Sie falsch behandeln oder Ihnen etwas Schlimmes zustoßen wird. Wie fühlt sich das an? Was spüren Sie hingegen, wenn Sie Umstände sehen, die negativ oder falsch sind, aber darauf von einem Ort der Zentrierung, Ruhe und Entschlossenheit antworten und sich selbst und andere nicht verletzen? Wenn wir als Letztes das System der Verbindung betrachten, wie ist es, wenn wir uns abgelehnt oder ungewollt fühlen und von den Menschen, die uns wichtig sind, getrennt sind? Wie ist es im Gegensatz dazu, wenn Sie sich schon verbunden fühlen, schon immer eins mit allem sind und zu Gefühlen wie Mitgefühl und Freundlichkeit neigen?

Für jeden von uns gibt es also ganz klar die Möglichkeit, diese drei Systeme in Zuständen des Wohlbefindens zu erfahren. Und so können wir den Geist zunehmend darauf ausrichten – also das Gehirn trainieren –, um uns in jedem dieser Systeme mehr und mehr im Modus des Wohlbefindens zu verwurzeln. Das ist der Stress-Schutz für Ihr Gehirn.

# 4

# Das System der Verbindung

*Zum Stress-Schutz für Ihr Gehirn gehören drei Aspekte:*

- Erstens wollen wir die Aktivierung des Stressmodus in jedem der drei Systeme verringern.

- Zweitens geht es darum, die Aktivierung des Modus des Wohlbefindens in jedem der drei Systeme zu stärken.
  Wenn wir unsere Aufmerksamkeit beispielsweise mehr und mehr auf die Dankbarkeit richten, dann wird das System der Anziehung zunehmend in einen Zustand des Wohlbefindens kommen. Wenn wir uns in gleicher Weise zunehmend in einem Gefühl der Stärke und des inneren Friedens

verwurzeln, dann werden wir auch im Bezug zum System der Vermeidung eher in einen Zustand des Wohlbefindens gelangen. Wenn wir uns schließlich auch mehr in einem Gefühl der Liebe und des Wohlwollens gegenüber anderen gründen, dann bewegen wir uns auch im System der Verbindung stärker in einen Zustand des Wohlbefindens.

- Und der dritte Aspekt im Stress-Schutz für Ihr Gehirn besteht darin, diese drei Systeme in einer immer stärker werdenden Gelassenheit zusammenzubringen.
  Gelassenheit ist eine Art Stoßdämpfer im Gehirn. Wenn also ein System in den Stressmodus fällt, wird diese Aktivierung von Stress in einer großen inneren Weite und einem ausgeglichenen Geist gehalten. So wird Ihr allgemeines Gleichgewicht und Wohlbefinden nicht gestört. Und dies werden wir in diesem Übungsprogramm lernen: Für jedes System werden wir Methoden und Übungen untersuchen, die die Aktivierung des Stressmodus verringern, die Aktivierung des Wohlbefindens steigern und es mit Gelassenheit umgeben.

Natürlich ist der Stress-Schutz für unser Gehirn eine lebenslange Aufgabe, insbesondere weil sich das Gehirn so entwickelt hat, dass es schnell in einen Stressmodus übergehen kann – so konnten unsere Vorfahren überleben. Der Grund dafür ist natürlich, dass wir in einer Welt leben, in der es immer wieder Mangel, Gefahren und Lieblosigkeit gibt. Kein Übungsprogramm allein – auch dieses nicht – kann Ihr Gehirn vor Stress schützen. Aber wenn Sie die Übungen in diesem Programm über längere Zeit praktizieren – in Verbindung mit anderen sinnvollen Methoden, um den Körper zu beruhigen, die Welt klarer zu sehen und tiefere Beziehungen mit anderen zu entwickeln –, dann werden Sie nach und nach tatsächlich Ihr Gehirn von innen nach außen verändern. Lassen Sie uns also beginnen.

Wir beginnen mit dem System der Verbindung, weil unsere größten Enttäuschungen und Verärgerungen in der Beziehung zu anderen Menschen entstehen. Zudem hat sich das System der Verbindung in der Evolution entwickelt und sich im Gehirn des Menschen ausgesprochen weit verfeinert, um zu regulieren, wie aktiv die Systeme der Anziehung und der Vermeidung mit Stress reagieren. Im Zusammenhang mit dem System der Verbindung werden wir in diesem Übungsprogramm zwei Übungen praktizieren. Die erste Übung ist Achtsamkeit, eine Möglichkeit, um uns mit uns selbst zu verbinden. Sie hilft uns, die Stressreaktivität in Bezug auf Anziehung,

Vermeidung und Verbindung zu verringern. Achtsamkeit ist auch ein Weg, um uns selbst die Verbindung, Zugehörigkeit, Empathie, Aufmerksamkeit und Fürsorge zu geben, die wir alle brauchen, aber in unserem Leben meist nicht ausreichend bekommen haben. Die zweite Praxis im Zusammenhang mit dem System der Verbindung wird eine Möglichkeit aufzeigen, wie wir uns mit anderen stärker verbinden und uns von anderen respektiert fühlen können. So können wir hoffentlich das Loch in unserem Herzen heilen.

Beginnen wir also mit der Achtsamkeit. Bei dieser Übung können Sie, so wie in allen anderen Übungen dieses Programms, sitzen, stehen, gehen oder liegen – aber praktizieren Sie diese Übungen nicht, während Sie Auto fahren. Die meisten Menschen bevorzugen, die Achtsamkeitspraxis und die anderen Übungen dieses Programms im Sitzen zu üben, weil dies die beste Möglichkeit ist, um zugleich entspannt und wach zu sein.

Wie bei allen anderen Übungen können Sie sich die Freiheit nehmen, meine Empfehlungen anzupassen, zu verändern oder gar zu ignorieren. Wenn das Übungsprogramm unangenehme Gefühle in Ihnen hervorruft, können Sie es beenden. Insbesondere bei der Übung der Achtsamkeit nutze ich den Atem als Objekt der Aufmerksamkeit. Sie können aber auch ein anderes Objekt der Aufmerksamkeit wählen, wenn es bei der Verbindung mit dem Atem oder den Körperempfindungen irgendetwas gibt, das in

Ihnen unangenehme Gefühle auslöst. Als ein anderes Objekt der Aufmerksamkeit können Sie Ihre Füße, einen Baum vor dem Fenster, eine Kerze oder einen friedvollen Spruch – wie zum Beispiel den Satz „Möge ich glücklich sein“ – verwenden.

**Geführte Übung** Meditation

**Geführte Übung** Sich verbunden fühlen

# 5 Das System der Anziehung

Wenden wir uns nun dem System der Anziehung zu. Ich möchte mit einigen grundlegenden Anmerkungen beginnen. Es ist in Ordnung, das Angenehme zu genießen, wenn es sich durch unseren Geist bewegt. Es ist völlig richtig, sich gute, unterstützende Dinge zu wünschen, wie das Wohlergehen der Menschen, die uns nahestehen, oder unsere eigene Entwicklung auf dem Weg des Erwachens. Einige Menschen verstehen psychologisches Wachstum oder spirituelle Praxis so, dass man eine Form der Askese oder Selbstverleugnung erreichen sollte. Sie sehen es als eine verbissene und grüblerische Haltung gegenüber dem Leben. Aber das ist nicht wahr – die Menschen, die ich für zutiefst erwacht halte, sind im Allgemeinen die glücklichsten. Das Problem ist also nicht, dass wir uns gut fühlen oder mehr von den positiven Aspekten des Lebens erfahren möchten. Die Schwierigkeiten beginnen, wenn wir am Angenehmen anhaften, denn alles verändert sich und endet. Probleme entstehen auch, wenn wir angenehme Erfahrungen bis zu dem Punkt verfolgen, wo der Preis, den wir dafür zahlen, zu hoch wird. Ein Beispiel ist der Versuch, mit Methoden abzunehmen, die die Gesundheit schädigen. Oder wenn wir unbedingt erfolgreich sein wollen, aber dabei unsere Familie vernachlässigen. Schwierig wird es auch, wenn wir angenehmen Erfahrungen folgen, die mit Problemen verbunden sind. Ein Beispiel dafür ist der Drogenkonsum.

Kurz gesagt geht es um eine Haltung, in der wir den Dingen folgen, die wir mögen, ohne vom Wollen kontrolliert zu werden. Um dies zu tun, müssen wir zunächst sehr achtsam wahrnehmen, wenn eine angenehme Stimmung in unserer Erfahrung erscheint, wenn sich beispielsweise etwas sehr angenehm anfühlt oder wünschenswert zu sein scheint. Was geschieht dann? Können Sie angenehme Erfahrungen durch Ihren Geist strömen lassen, ohne sie festhalten zu wollen? Können Sie angenehme Erfahrungen kommen und gehen lassen, ohne sich schlecht zu fühlen, wenn sie vergangen sind?

Lassen Sie uns nun zwei spezielle Übungen praktizieren, um ein Gehirn zu entwickeln, das nicht so sehr nach dem Angenehmen greift und gierig daran festhält. Ein Gehirn, das in einem Zustand gegründet ist, in dem wir uns als immer schon zufrieden und erfüllt erleben. In der nächsten Übung werden wir uns auf Freude, Dankbarkeit und Zufriedenheit konzentrieren. Dabei ignorieren wir nicht die schwierigen oder schmerzvollen Aspekte des Lebens, und wir übertreiben auch nicht die guten Aspekte. Stattdessen sehen wir die Welt klarer – wir sehen die positiven Tatsachen in der Welt und in uns selbst, die Freude, Dankbarkeit und Zufriedenheit in uns auslösen. Meiner Erfahrung nach übersehen viele von uns diese positiven Tatsachen. Wenn wir unsere Aufmerksamkeit auf diese Aspekte richten und auf die Freude Dankbarkeit und Zufriedenheit, die sie in uns auslösen, kommen wir zu einer ausgeglichenen Sicht der Welt. Denn unser Gehirn neigt von Natur aus dazu, eher auf die negativen Informationen zu achten, denn auf sie muss es reagieren, um zu überleben.

## **Geführte Übung** Freude, Dankbarkeit und Zufriedenheit

# 6

# Werte und Sehnsüchte

Nun werden wir eine Praxis einüben, um Werte und Sehnsüchte zu vertiefen und beides zu nutzen, um die Stressreaktivität des Systems der Anziehung zu dämpfen oder zu verringern. Gleichzeitig können wir lernen, wie wir das System der Anziehung in einer Weise aktivieren, sodass wir ein positives Wohlbefinden erreichen. Aber zunächst möchte ich erläutern, was ich mit Werten und Sehnsüchten meine. Werte hören sich vielleicht etwas abgehoben und unerreichbar an, aber wir können sie leicht erklären: Im Grunde geht es darum, niemandem zu schaden; sich selbst oder anderen Menschen keinen Schaden zuzufügen. Werte können sich in klassischen Regeln oder Geboten ausdrücken wie nicht töten, nicht stehlen, nicht lügen oder sich sexuell nicht verletzend verhalten. Oft zeigen sich

Werte nicht nur in einer Beschränkung, sondern auch in Bezug zum Gaspedal des Lebens: Wie können wir dem Leben dienen, großzügig sein oder das Wohlergehen anderer unterstützen? Auch Sehnsüchte können sich etwas abgehoben anhören, aber es bedeutet einfach nur, dass wir unseren Geist in eine zunehmend positive Richtung lenken. Wir geben uns immer mehr den besten Aspekten unseres eigenen Selbst hin.

Nun können wir Werte und Sehnsüchte auf die Regulierung stressvoller Reaktionen auf angenehme Erfahrungen im Leben anwenden, wozu auch unheilsame angenehme Erfahrungen gehören. Gleichzeitig können wir Werte und Sehnsüchte in Bezug auf die Dinge entwickeln, die wirklich unser Herz zum Singen bringen.

## **Geführte Übung** Werte und Sehnsüchte vertiefen

# 7

# Das System der Vermeidung

Im Folgenden werden wir uns das System der Vermeidung genauer anschauen. Von den drei Systemen der Anziehung, der Vermeidung und der Verbindung ist dieses System der Vermeidung der Aspekt, der am häufigsten mit Stressreaktivität einhergeht. Denn dieses System beschäftigt sich vor allem mit dem Umgang mit Gefahren, um als Reaktion darauf ein Handeln des Kampfes, der Flucht oder der Erstarrung anzustoßen. Sicher ist es natürlich und unvermeidlich, dass wir abweisende Gefühle erfahren, wenn sich etwas Unangenehmes durch unseren Geist bewegt. Und es ist auch natürlich, alles zu tun, dass diese abweisenden Gefühle nicht mehr so stark spürbar sind – sei es für uns selbst oder für andere. Es ist auch angemessen und gar lobenswert, wenn wir uns gegen etwas wenden, das uns oder andere verletzt. Schwierig wird es dann, wenn wir darauf mit Wut, Angst und Stress reagieren.

Lassen Sie uns nun zwei Übungen praktizieren. In der ersten Übung geht es darum, dass Sie sich stärker und sicherer fühlen. In der zweiten Übung können Sie die Wut loslassen und sie durch Frieden und Vergebung ersetzen. Als Erstes werden wir eine Praxis üben, die Ihr Gefühl der Stärke und vor allem auch das Empfinden von Sicherheit unterstützen kann. Aber zunächst möchte ich noch einige Bemerkungen vorausschicken.

In dieser Welt gibt es keine vollkommene Sicherheit, niemand von uns kann sich beispielsweise vor Alter, vor Krankheiten oder vor dem Tod schützen. Ganz zu schweigen von den Widrigkeiten unseres ungewissen Schicksals. Es ist dabei wichtig, dass wir uns der echten Gefahren in unserem Leben bewusst sind, die uns selbst und andere bedrohen. Mit anderen Worten, wir nehmen den Tiger wahr, der wirklich im Dickicht auf uns lauert. Andererseits ist es auch wichtig, dass wir im Leben nicht davon ausgehen, dass ein Tiger auf uns lauert, wenn in Wirklichkeit keiner da ist. Vielleicht sitzt nur ein Papiertiger im Dickicht – oder ein angeketteter Tiger, ein toter Tiger oder ein Tigerbaby.

Es gibt also zwei fehlerhafte Wahrnehmungen: Wenn wir denken, dass kein Tiger da ist, aber in Wirklichkeit lauert er uns auf. Oder wir sehen einen Tiger, obwohl gar keiner da ist. Zu welchem dieser beiden großen Fehler neigen die meisten von uns? Meiner Erfahrung nach ist es öfter der Fall, dass wir den zweiten Fehler machen. Die Folge davon ist eine Art paranoide Trance, in der wir unseren Alltag in einem Denken verbringen, das uns sagt, dass die Welt gefährlicher, furchterregender und risikoreicher ist, als es in Wirklichkeit der Fall ist. Wir leben dann auch in der Haltung, dass es in der Welt und in uns weniger Ressourcen gibt, als uns tatsächlich zur Verfügung stehen.

Oft denke ich daran, wenn ich auf Flughäfen unterwegs bin. Überall, wo man heute in den USA unterwegs ist, sieht man große Schilder mit dem Hinweis „Gefahrenstufe Orange" und alle 90 Sekunden hört man die gleiche aufgenommene Stimme, die sagt: „Die Behörde für Heimatschutz hat die Gefahrenstufe Orange ausgerufen." Orange ist die Stufe vor Rot, der höchsten Gefahrenstufe. Aber wenn Sie einmal genauer darüber nachdenken, wie hoch die Wahrscheinlichkeit ist, dass auf diesem Flughafen, an diesem Tag, während Ihres Fluges etwas Schlimmes passiert, dann müssten wir die niedrigste Gefahrenstufe Grün ausrufen – vielleicht ein See voller Grün mit einem Löffel Gelb. Es ist also keineswegs die Gefahrenstufe Orange, aber wir nehmen dieses Ausrufen der Gefahrenstufe Orange hin.

Ein Grund dafür sind auch die vielen bedrohlichen Informationen, die wir aus den Medien und der uns umgebenden Welt bekommen. Deshalb ist es leicht, sich in dieser paranoiden Trance zu verlieren. Es ist also entscheidend wichtig, dass wir aus dieser Trance erwachen und die Welt klarer sehen. Das bedeutet nicht, dass wir uns eine rosarote Brille aufsetzen, aber wir müssen auch nicht durch eine orangene Brille schauen.

Als Letztes noch eine wichtige Anmerkung: Einigen Menschen, insbesondere jenen mit einem Trauma in ihrer Lebensgeschichte, kann es Angst machen, sich sicherer zu fühlen. Denn wenn wir uns in Sicherheit fühlen, dann verringern wir unseren Selbstschutz – und gerade dann könnten die anderen uns attackieren. Gehen Sie also in dieser Übung sorgsam mit sich selbst um. Wenn Sie einen Widerstand dagegen spüren, sich sicherer zu fühlen, insbesondere, wenn Sie in Ihrem Leben ein Trauma erfahren haben, dann ist es völlig in Ordnung, wenn Sie diese Übung beenden und später, wenn Sie bereit sind, wieder zu ihr zurückkehren.

## **Geführte Übung** Sich stärker und sicherer fühlen

# 8

# Wut und Vergebung

Bevor Sie mit der nächsten Übung zu Wut und Vergebung beginnen, möchte ich etwas über die Natur der Wut und das Wesen der Vergebung sagen. In Bezug auf die Wut gibt es einen alten Spruch: Wenn man auf jemanden wütend wird, dann ist es so, als würde man mit bloßen Händen heiße Kohlen werfen: Beide Beteiligten erleiden Verbrennungen. Diese Sicht der Wut war für mich persönlich sehr hilfreich. Mit der Zeit habe ich gemerkt, dass die Wut auf andere, die im Moment so gerechtfertigt schien und sich so energetisierend und gut anfühlte, in Wirklichkeit ein Leiden war, das ich mir selbst zufügte. Das Wort Leiden, das sehr direkt und wirkungsvoll ist und sich auf etwas bezieht, das eine Last oder eine Verletzung für uns ist, war ein guter Begriff, um meine eigene Wut als einen Schmerz zu sehen, den ich mir selbst zufügte. Wut wird von der Art und Weise angetrieben, wie wir Situationen erfahren. Wut entsteht durch Selbstgerechtigkeit und Unnachgiebigkeit und weil wir anderen Menschen negative Absichten unterstellen. Wir nehmen Gründe an, warum andere uns in einer bestimmten Weise behandeln und warum sie tun, was sie tun. Und natürlich durch das „Selbsten", indem wir es also zu etwas machen, in dem es um uns selbst geht.

Nehmen wir als Beispiel diese Geschichte, die ich für das 21. Jahrhundert angepasst habe: Sie fahren mit Ihrem Liebsten oder Ihrer Liebsten mit dem Kanu und machen gerade ein Picknick im Sonnenschein, während Sie auf einem langsam fließenden Fluss dahingleiten. Und plötzlich hören Sie einen lauten, dumpfen Schlag gegen Ihr Kanu. Das Kanu dreht sich um 180 Grad, und Sie und Ihr Liebster oder Ihre Liebste landen im Fluss. Vollkommen durchnässt, mit kaputter Frisur und ruinierter Kleidung kommen Sie wieder an die Oberfläche. Das Silberbesteck von Ihrer Großmutter, das Sie zum Picknick mitgenommen haben, liegt nun am Grund des Flusses. Sie sehen zwei Jungen im Teenageralter mit Schnorcheln und Taucherbrillen, die sich an Ihr Kanu angeschlichen und es angestoßen haben, sodass Sie im Wasser landeten. Und nun lachen die beiden Jungen über Sie. Wie fühlen Sie sich?

Nun eine andere Geschichte mit dem gleichen Beginn: das Kanu, das Picknick, der langsame Fluss und ein lauter Schlag gegen die Seite Ihres Bootes, der Sie in den Fluss fallen lässt. Vollkommen durchnässt, mit kaputter Frisur und ruinierten Kleidern und dem Silberbesteck auf dem Grund des Flusses kommen Sie wieder an die Oberfläche, und was sehen Sie? Dieses Mal sehen Sie einen großen Baumstamm im Wasser, der in der Strömung des Flusses bis hierher getrieben wurde und das Kanu getroffen hat. Wie fühlen Sie sich jetzt – insbesondere, wenn Sie es mit der ersten Szene mit den zwei Jungen vergleichen?

Da gibt es einen großen Unterschied, nicht wahr? Für die meisten von uns wären beide Situationen unangenehm, denn wer will schon in den Fluss fallen? Aber in der zweiten Szene haben Sie nicht das Gefühl, dass Sie jemand als Ziel ausgesucht hat, dass Ihnen persönlich etwas angetan wird. Hier können wir erkennen, dass die meisten Dinge, mit denen wir zusammenstoßen und die uns wütend machen, in der Tat mit großen Baumstämmen vergleichbar sind. Sicher sollten wir den Baumstämmen ausweichen, wenn es uns möglich ist, und uns mit ihnen auseinandersetzen, wenn wir das können. Manchmal können wir sogar einen anderen Fluss suchen. Aber denken Sie einmal über all die Ursachen und Bedingungen nach, die die Menschen, mit denen Sie zusammenstoßen, beeinflusst haben. Die Menschen, die in einer

Weise handeln, die Sie wütend macht. Ehrlich gesagt sind diese Menschen wie Baumstämme, manche Aspekte ihres Leben werden vielleicht im Besonderen durch die Beziehung mit Ihnen geprägt, aber der größte Teil der Impulse, die zu einem Zusammenstoß mit Ihnen führen, wurden schon lange vor der Geburt dieses Menschen in Gang gesetzt. Die meisten dieser zahllosen Ursachen in der Vergangenheit tragen ganz sicher nicht Ihr Namensschild.

Wenn wir die Ereignisse, die uns zustoßen, in dieser Weise verstehen, ist dies vielleicht ein Beitrag zur Verminderung der stressvollen Aktivierung des Systems der Vermeidung. Stattdessen kann die Aktivierung des Systems der Vermeidung in einer positiven Weise unterstützt werden, die uns Wohlbefinden verschafft. Wir müssen also auf die schwierigen Situationen im Leben nicht mit Wut reagieren, wir können damit umgehen, ohne dass unsere Fähigkeit für die Auseinandersetzung mit den Schwierigkeiten durch nutzlose wütende Reaktivität gestört wird, die uns selbst und anderen Menschen Verbrennungen zufügt.

Durch diese Sichtweise können wir auch die Wut selbst besser verstehen, die oft die stürmische Oberfläche einer darunterliegenden Angst, eines Schmerzes oder einer Enttäuschung ist. Wenn es uns gelingt, unsere Wut zu besänftigen, dann können wir das, was unter der Oberfläche verborgen ist, nach oben kommen lassen.

Vor vielen Jahren habe ich mir selbst ein Versprechen gegeben: Niemals aus Wut zu sprechen oder zu handeln, insbesondere gegenüber meinen Kindern. Ganz sicher ist es mir nicht vollkommen gelungen, vor allem in den ersten Tagen. Es gibt so viele Möglichkeiten, Wut zum Ausdruck zu bringen. Dazu gehören auch die kleinen, subtilen Ausbrüche von Ärger oder wenn wir genervt die Augen verdrehen. Aber mit der Zeit wurde ich dadurch ein besserer Mensch und ein besserer Vater. Zum einen reagierte ich langsamer und bewusster, und ich konnte mehr aus meinem Herzen sprechen. Ich musste nicht wütend anklagen, was bei vielen Menschen ziemlich verbreitet ist. Gleichzeitig ist die Besänftigung der Wut ein Weg zur Vergebung.

Das Wort Vergebung wird in unterschiedlicher Weise verwendet, deshalb ist es wichtig, dass wir klarstellen, wie wir dieses Wort hier verwenden. Im Grunde bedeutet Vergebung, dass wir nicht mehr wütend auf jemanden sind. Wir wünschen uns vielleicht, dass es nie geschehen wäre, wir verurteilen vielleicht die anderen Beteiligten in dieser Situation, selbst unter moralischen Gesichtspunkten. Ganz sicher spüren wir Mitgefühl für uns selbst und möglicherweise auch für andere Menschen. Aber wir leiden nicht darunter, dass wir nachtragende Gefühle und den Groll weiter in uns tragen.

Manchmal entlassen wir den anderen Menschen sogar aus der moralischen Verantwortung. Wir nehmen dem anderen die Schuld oder die

Verantwortung für das, was geschehen ist, ab. Aber ob wir den anderen aus der Schuld entlassen oder nicht, wenn wir einer Situation, so wie sie sich ereignet hat, „vergeben", oder wenn wir anderen Menschen, so wie sie sind, vergeben, dann tragen wir nicht länger die Last schmerzvoller, nachtragender Gefühle und die Last des Grolls. Das ist Vergebung.

## **Geführte Übung** Wut und Vergebung verstehen

# 9

# Gelassenheit

Lassen Sie uns nun das Gefühl der Gelassenheit genauer untersuchen. Gelassenheit ist etwas anderes als Ruhe, denn wenn wir ruhig sind, zeigen wir keine Reaktionen. Aber wenn Sie in einem Zustand der Gelassenheit sind, oder wenn Sie gleichmütig sind, dann reagieren Sie nicht auf Ihre Reaktionen. Mit anderen Worten, wenn die Stimmungslagen der Gefühle kommen und gehen – die angenehmen, unangenehmen und neutralen Gefühlslagen –, dann spielt Gelassenheit die Rolle eines großen Stoßdämpfers, eines Puffers, in dem es keine Reaktivität gegenüber den Gefühlslagen der Erfahrungen gibt, die kommen und gehen.

Gelassenheit ist wie der Eingangsraum bei Häusern in kalten und feuchten klimatischen Bedingungen: Das ist der Platz, wo man die schmutzigen Stiefel, die Ski, den Schlitten, die Schneeschaufel und die nasse Regenjacke aufbewahren kann. Und erst dann begibt man sich in die Innenräume des Hauses. Gelassenheit ist wie ein Eingangsraum des Geistes: Der Regen, der Schnee, der Schneematsch bleiben im Eingangsraum und kommen nicht ins Innere Ihres Geistes. Dafür gibt es auch eine traditionelle Metapher: Wenn man einen Löffel Salz in ein Glas Wasser schüttet und daraus trinkt, dann schmeckt das überhaupt nicht. Aber wenn man den gleichen Löffel Salz in einen See rieseln lässt, und dann ein Glas Wasser aus dem See trinkt, dann kann man das Salz kaum mehr oder vielleicht gar nicht mehr schmecken.

Gelassenheit wirkt ungefähr genauso: Wenn sozusagen das Salz stressvoller Reaktionen entsteht, dann erscheint es in diesem großen, weiten und stabilen See des Geistes, deshalb bemerken wir es kaum. Auf diese Weise ist Gelassenheit so etwas wie die wirkungsvollste Sicherung, die mit allen drei wichtigen Systemen der Motivation verbunden ist: dem System der Anziehung, der Vermeidung und der Verbindung. Selbst wenn eines der Systeme vom Stress erschüttert wird oder aus dem Gleichgewicht kommt oder sich in einer stressvollen Reaktivität verfängt, treffen diese überschießenden Reaktionen des Systems auf diesen größeren Puffer oder Stoßdämpfer der Gelassenheit. Diese stressvollen Reaktionen können dann nicht die Kraft entfalten, den Geist zu kontrollieren.

Lassen Sie uns einen Geschmack davon bekommen. In vielen spirituellen Traditionen wird Gelassenheit als eine grundlegende und tiefgreifende Stufe der Entwicklung gesehen. In der Praxis, die wir jetzt üben, werden wir vielleicht nicht diese Tiefe erreichen, aber sie sollte Ihnen eine direkte Erfahrung der Gleichmäßigkeit, Klarheit, Ausgeglichenheit und des Friedens in einem gelassenen Geisteszustand vermitteln.

## **Geführte Übung** Gelassenheit erfahren

# Zum Autor

## Dr. Rick Hanson

ist Neuropsychologe und Lehrer, der an der Schnittstelle von Psychologie, Neurologie und kontemplativer Praxis arbeitet. Er ist Autor des Buches *Das Gehirn eines Buddha* – ein Bestseller, der in 20 Sprachen übersetzt wurde und 2010 im Arbor Verlag erschienen ist (mit Richard Mendius).

Rick Hanson lehrt an Universitäten und Meditationszentren in den USA, Australien und Europa.

## Lienhard Valentin

praktiziert seit 30 Jahren Vipassanā-Meditation und ist als Kursleiter international in der Integration von Achtsamkeit und Mitgefühl in Familie, Therapie und Gesellschaft tätig. Er steht in regelmäßigem Kontakt mit Rick Hanson, Jon Kabat-Zinn und anderen führenden Vertretern achtsamkeitsbasierter Verfahren. 2011 hat er die Ausbildung *Achtsamkeit leben – Achtsamkeit lehren* ins Leben gerufen, die von Arbor-Seminare an verschiedenen Orten in Deutschland und Österreich angeboten wird.

# Geführte Übungen

## CD 1

| | | |
|---|---|---|
| 1 | Meditation | 10 Minuten |
| 2 | Sich verbunden fühlen | 19 Minuten |
| 3 | Freude, Dankbarkeit und Zufriedenheit | 10 Minuten |
| 4 | Werte und Sehnsüchte vertiefen | 14 Minuten |
| 5 | Sich stärker und sicherer fühlen | 11 Minuten |

## CD 2

| | | |
|---|---|---|
| 1 | Wut und Vergebung verstehen | 13 Minuten |
| 2 | Gelassenheit erfahren | 11 Minuten |
| 3 | Nachwort | 2 Minuten |

Die Ratschläge zur Selbstbehandlung in diesem Buch sind vom Autor und vom Verlag sorgfältig erwogen und geprüft worden. Dennoch kann eine Garantie nicht übernommen werden. Sie brauchen psychotherapeutische Hilfe, wenn Sie sich durch die Übungen von Emotionen und Erinnerungen überwältigt fühlen. Bei ernsthafteren und/oder länger anhaltenden Beschwerden sollten Sie auf jeden Fall einen Arzt oder einen Heilpraktiker Ihres Vertrauens zu Rate ziehen. Eine Haftung des Autors und des Verlages für Personen-, Sach- und Vermögensschäden ist ausgeschlossen.

# Weitere Literatur zum Thema

Rick Hanson mit Richard Mendius

## Das Gehirn eines Buddha

Die angewandte Neurowissenschaft von Glück, Liebe und Weisheit

*Das Gehirn eines Buddha* weist uns wirksame Wege, wie wir Liebe, Weisheit und wahres Glück in unserem Leben erfahren können, und erklärt uns auch physiologisch, wie und warum das funktioniert.

Gestützt auf jüngste Forschungsergebnisse zeigt uns Rick Hansons Klassiker auf, wie wir unser Gehirn stimulieren und stärken können, um zu erfüllenderen Beziehungen und zu einem stärkeren Gefühl von innerem Vertrauen und Wert zu finden.

ISBN 978-3-86781-025-8

Rick Hanson

## Just 1 Thing

So entwickeln Sie das Gehirn eines Buddha

*Just 1 Thing* gibt uns 52 kurze, kraftvolle Tipps und Tricks an die Hand, wie wir trotz Stress und alltäglicher Herausforderungen ein friedliches und erfülltes Leben führen können. Rick Hanson zeigt uns, wie wir unsere Zeit und Energie gezielt nutzen können, um unser Gehirn zu stärken und unser Herz zu öffnen.

*Just 1 Thing* hilft uns,

- gut zu uns selbst zu sein.
- das Leben so zu genießen, wie es ist.
- auf unsere eigenen Stärken zu bauen.
- Stress und schwierigen Gefühlen zu begegnen.
- den Arbeits- und Familienalltag zu genießen.

ISBN 978-3-86781-059-3

Rick Hanson

## Denken wie ein Buddha

### Gelassenheit und innere Stärke durch Achtsamkeit

Neurowissenschaftliche Erkenntnisse bestätigen: Was wir erfahren, denken und fühlen, hat Einfluss auf die Struktur unseres Gehirns.
Wir können unser Gehirn positiv beeinflussen!
Einfach nur gute Erfahrungen zu machen, reicht aber nicht aus. Sie fließen durch unser Gehirn wie durch ein Sieb.
Der bekannte Neuropsychologe Dr. Rick Hanson zeigt, wie wir gute Erfahrungen wirklich in uns aufnehmen können, damit sie dauerhaft stärkend auf unser Hirn einwirken und wir dadurch glücklicher, ausgeglichener und gesünder leben.

ISBN 978-3-424-15203-6

# Seminare

Die gemeinnützige *Arbor-Seminare gGmbH* organisiert regelmäßig Seminare und Weiterbildungen mit Rick Hanson und weiteren führenden Vertretern achtsamkeitsbasierter Verfahren. Nähere Informationen finden Sie unter:

## Online

Umfangreiche Informationen zu unseren Themen, ausführliche Leseproben aller unserer Bücher, einen versandkostenfreien Bestellservice und unseren kostenlosen Newsletter.
All das und mehr finden Sie auf unserer Website.



## Mehr von Rick Hanson